школа - мактаб	2
подорож - саёҳат	5
транспорт - нақлиёт	8
місто - шаҳр	10
ландшафт - ландшафт	14
ресторан - тарабхона	17
супермаркет - супермаркет	20
напої - нӯшокиҳои	22
їжа - таъом	23
ферма - ферма	27
дім - хона	31
вітальня - мехмонхона	33
кухня - ошхона	35
ванна кімната - ҳамом	38
дитяча кімната - ҳуҷраи кӯдакона	42
одяг - либос	44
офіс - идора	49
економіка - иқтисодиёт	51
професії - касбҳо	53
інструменти - асбобҳо	56
музичні інструменти - асбобҳои мусиқӣ	57
зоопарк - боғи ҳайвонот	59
спорт - варзиш	62
дії - фаъолият	63
сім'я - оила	67
тіло - бадан	68
лікарня - бемористон	72
аварійний випадок - ҳолати фавқулодда	76
Земля - замин	77
годинник - вақт	79
тиждень - ҳафта	80
рік - сол	81
форми - баст	83
фарби - рангҳо	84
протилежності - мухолифат	85
числа - ададҳо	88
мови - забонҳо	90
хто / що / як - ки / чиро / тавр	91
де - дар кучо	92

Impressum
Verlag: BABADADA GmbH, Nedderfeld 112 , 22529 Hamburg
Geschäftsführer / Verlagsleitung: Harald Hof
Druck: Books on Demand GmbH, In de Tarpen 42, 22848 Norderstedt

Imprint
Publisher: BABADADA GmbH, Nedderfeld 112 , 22529 Hamburg, Germany
Managing Director / Publishing direction: Harald Hof
Print: Books on Demand GmbH, In de Tarpen 42, 22848 Norderstedt, Germany

школа

мактаб

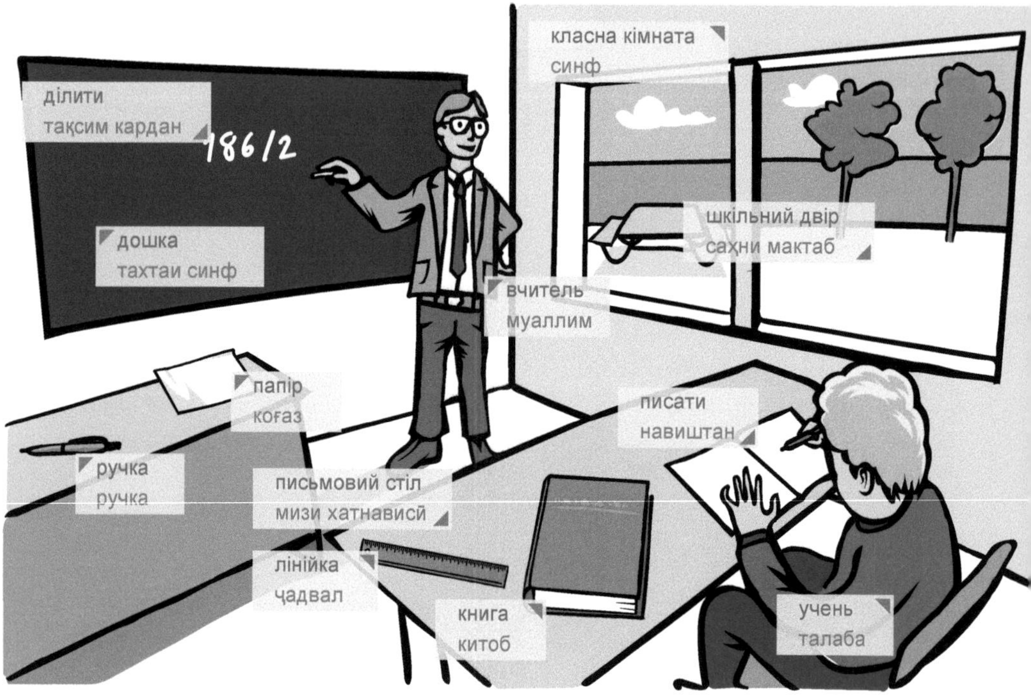
класна кімната
синф
ділити
тақсим кардан
186/2
дошка
тахтаи синф
шкільний двір
саҳни мактаб
вчитель
муаллим
папір
коғаз
писати
навиштан
ручка
ручка
письмовий стіл
мизи хатнависӣ
лінійка
ҷадвал
книга
китоб
учень
талаба

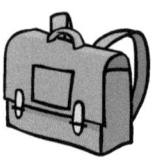

ранець

ҷузвдон

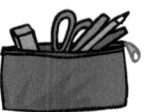

пенал

қаламдон

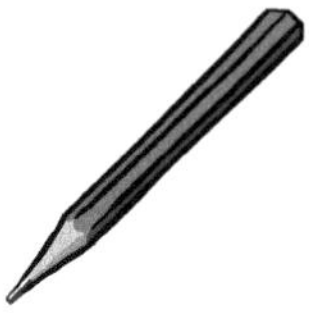

олівець

қалам

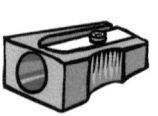

точило

қаламтезкунак

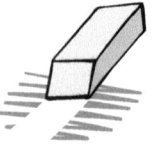

гумка

хаткуркунак

альбом для малювання

блокноти расмкашӣ

малюнок

расм

пензель

мӯқалами рассомӣ

коробка фарб

қуттии рангҳо

ножиці

қайчӣ

клей

ширеш

зошит

дафтари машқ

домашнє завдання

вазифаи хонагӣ

12

число

рақам

2+2

додавати

ҷамъ кардан

5-2

віднімати

кам кардан

2×2

множити

зарб задан

рахувати

ҳисоб кардан

A

літера

ҳарф

ABCDEFG HIJKLMN OPQRSTU VWXYZ

абетка

алфавит

hello

слово

калима

текст

матн

читати

хондан

крейда

бӯр

година

дарс

класний журнал

журнали синфй

екзамен

имтиҳон

диплом

шаҳодатнома

шкільна форма

либоси мактабй

освіта

таҳсил/маориф

лексикон

энсиклопедия

університет

донишгоҳ

мікроскоп

микроскоп (more frequently used)

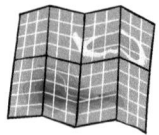

карта

харита

кошик для паперу

сабади партофҳои коғазй

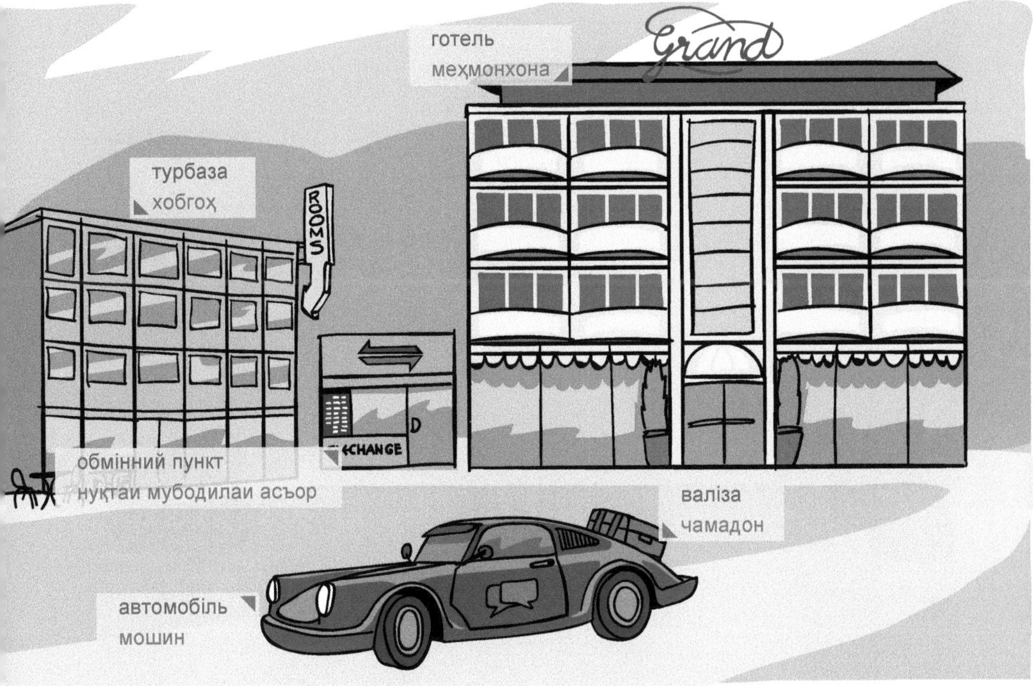

готель
меҳмонхона
Grand
турбаза
хобгоҳ
ROOMS
обмінний пункт
нуқтаи мубодилаи асъор
EXCHANGE
валіза
чамадон
автомобіль
мошин

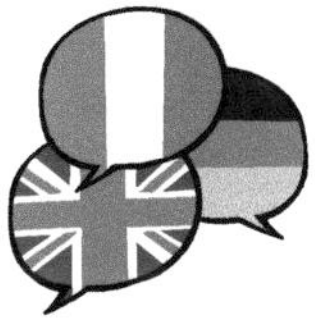

мова

забон

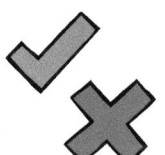

так / ні

ҳа / не

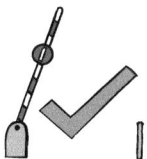

добре

Хуб

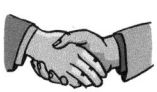

привіт

Ассалому алейкум

перекладач

тарҷумон

дякую

Раҳмат

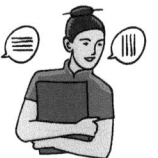

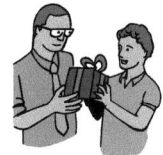

Скільки коштує ...?

чй қадар аст ...?

Я не розумію

Ман намефаҳмам

проблема

проблема

Добрий вечір!

шаб ба хайр!

Доброго ранку!

субҳ ба хайр

На добраніч!

шаби хуш

До побачення

хайр

напрямок

равона

багаж

баӷоҷ

сумка

чузвдон

рюкзак

борхалта

гість

меҳмон

кімната

хона

спальний мішок

хобхалта

намет

хайма

туристична інформація

маълумоти сайёҳӣ

пляж

соҳил

кредитна картка

корти кредитӣ

сніданок

наҳорӣ

обід

хӯроки пешин

вечеря

хӯроки шом

квиток

чипта

ліфт

лифт

поштова марка

марка

межа

сарҳад

митниця

Гумрук

посольство

сафорат

віза

раводид

паспорт

шиноснома

транспорт

нақлиёт

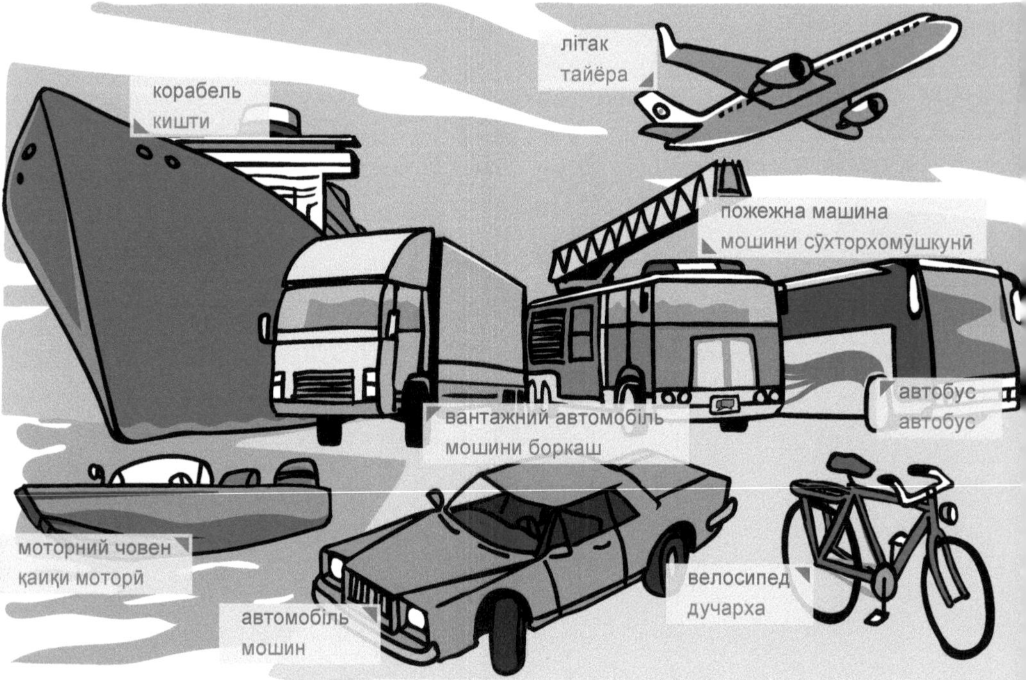

літак
тайёра
корабель
кишти
пожежна машина
мошини сӯхторхомӯшкунӣ
автобус
автобус
вантажний автомобіль
мошини боркаш
моторний човен
қаиқи моторӣ
велосипед
дучарха
автомобіль
мошин

пором

паром

човен

қаиқ

мотоцикл

мотосикл

поліцейська машина

мошини полис

гоночний автомобіль

мошини тезрави пойгаи

автомобіль на прокат

кирояи мошинҳо

спільне користування авто

ҳамроҳ истифодабарии мошин

евакуатор

эвакуатор

сміттєвоз

павтовҷамъкунӣ

двигун

муҳаррик

паливо

сӯзишворӣ

автозаправна станція

нуқтаи фурӯши сӯзишворӣ

дорожній знак

аломати роҳ

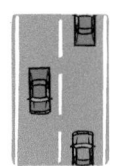

рух

ҳаракат

затор

бандшавии ҳаракати роҳ

стоянка

ҷои исти мошинҳо

вокзал

истгоҳи роҳи оҳан

рейки

роҳи оҳан

потяг

қатора

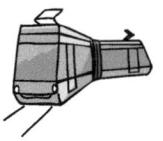

трамвай

тамвай

вагон

вагон

транспорт - наҳлиёт

гелікоптер

чархбол

аеропорт

фурудгоҳ

вежа

манора

пасажир

мусофир

контейнер

контейнер

коробка

щутии картонӣ

візок

ароба

кошик

сабад

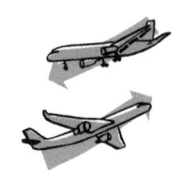

стартувати / приземлятися

гирифтан / замин

місто

шаҳр

село

деҳа

центр міста

маркази шаҳр

дім

хона

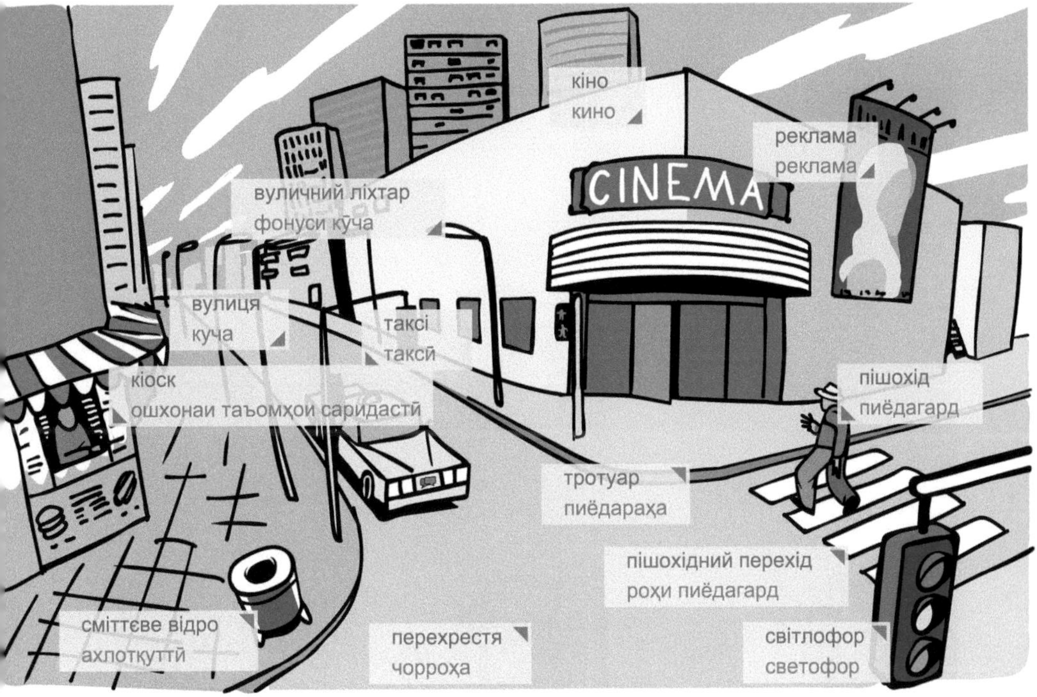

кіно
кино

реклама
реклама

вуличний ліхтар
фонуси куча

CINEMA

вулиця
куча

таксі
таксӣ

пішохід
пиёдагард

кіоск
ошхонаи таъомхои саридастӣ

тротуар
пиёдараҳа

пішохідний перехід
роҳи пиёдагард

сміттєве відро
ахлоткуттӣ

перехрестя
чорроҳа

світлофор
светофор

хатина

кулба

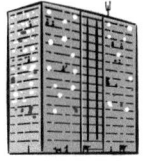

квартира

ҳамвор

вокзал

истгоҳи роҳи оҳан

ратуша

бинои маъмурияти шаҳр

музей

осорхона

школа

мактаб

університет

донишгоҳ

банк

бонк

лікарня

бемористон

готель

меҳмонхона

аптека

доухона

офіс

идора

книжковий магазин

сехи китоб

магазин

сехи

квітковий магазин

мағозаи гулфурӯшӣ

супермаркет

супермаркет

ринок

бозор

універмаг

универмаг

торговець рибою

мағозаи моҳифурӯшӣ

торговельний центр

маркази савдо

гавань

бандар

парк

парк

лава

бонк

міст

пул

сходи

зинапоя

метро

метро

тунель

нақби

автобусна зупинка

истгоҳи автобус

бар

бар

ресторан

тарабхона

поштова скринька

қуттии почта

вулична табличка

аломати номи кӯчаҳо

лічильник паркування

ҳисобкунаки исти мошинҳо

зоопарк

боғи ҳайвонот

басейн

ҳавзи шиноварӣ

мечеть

масчид

ферма
ферма

забруднення
навколишнього
середовища
ифлоскунй

кладовище
қабристон

церква
калисо

дитячий майданчик
майдончаи бозй

храм
маъбад

ландшафт
ландшафт

листок
барг

вказівний стовп
аломати рохнамо

шлях
рох

луг
алафзор

камінь
санг

мандрівник
сайёх

дерево
дарахт

річка
дарё

трава
алаф

квітка
гул

долина
водй

гора
кӯҳ

озеро
кул

ліс
беша

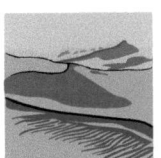

пустеля
биёбон

вулкан
вулкан

замок
қалъа

веселка
рангинкамон

гриб
занбӯруғ

пальма
дарати нахл

комар
хомӯшак

муха
паридан

мурашка
мурча

бджола
занбур

павук
тортанак

жук

гамбӯсак

жаба

қурбоққа

вивірка

санчоб

їжак

хорпушт

заєць

харгӯш

сова

бум

птах

парранда

лебідь

мурғи қу

кабан

хуки ваҳшӣ

олень

оҳу

лось

гавазн

гребля

сарбанд

вітряк

турбина шамол

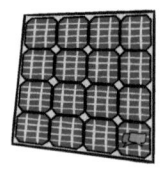

сонячний модуль

панел офтобӣ

клімат

иқлим

ресторан
тарабхона

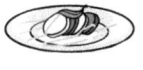

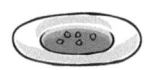

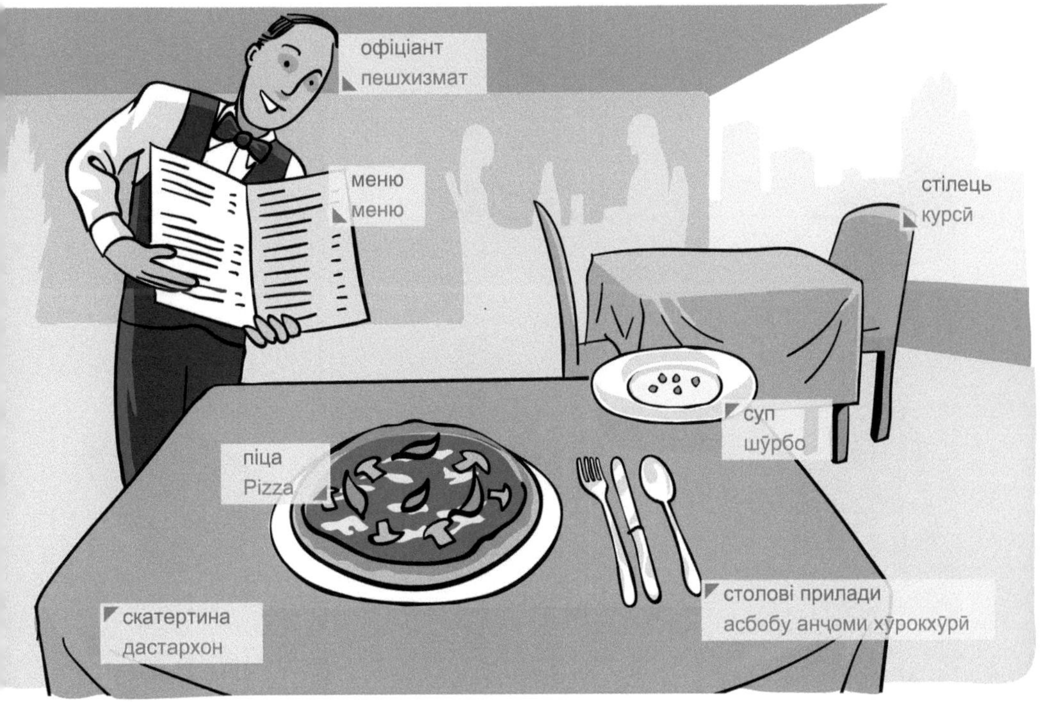
офіціант
пешхизмат
меню
меню
стілець
курсӣ
суп
шӯрбо
піца
Pizza
столові прилади
асбобу анҷоми хӯрокхӯрӣ
скатертина
дастархон

закуска

стартер/корандоз

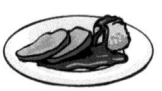

друга страва

хӯроки асосӣ

десерт

десерт

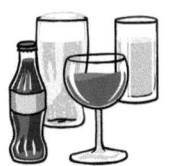

напої

нӯшокиҳои

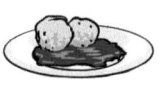

їжа

таъом

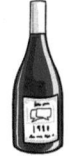

пляшка

шиша

фаст-фуд

Хӯроки Тез Таёр мешуда

вулична їжа

хӯроки кӯчагӣ

чайник

чойник

цукорниця

шакардон

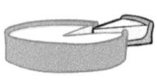

порція

қисм/порча

еспресо-машина

мошини espresso

високий стільчик

курсии кӯдакона

рахунок

ҳисоб

піднос

зарфмонак

ніж

корд

вилка

чангол

ложка

қошуқ

чайна ложка

қошуқча

серветка

сачоқи қоғазӣ

склянка

истакон

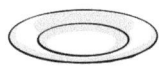

тарілка

табақча

тарілка для супу

косача

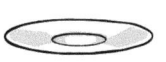

блюдце

тақсимча

соус

соус

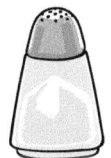

солонка

намакдон

млин для перцю

мурчдон

оцет

сирко

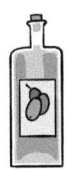

масло

равғани растанй

спеції

приправа

кетчуп

кетчуп

гірчиця

хардал

майонез

майонез

супермаркет

супермаркет

пропозиція
пешниҳоди махсус
FOR
клієнт
мизоҷ
молочні продукти
шир
фрукти
мева
візок для покупок
аробача

BUTCHERS

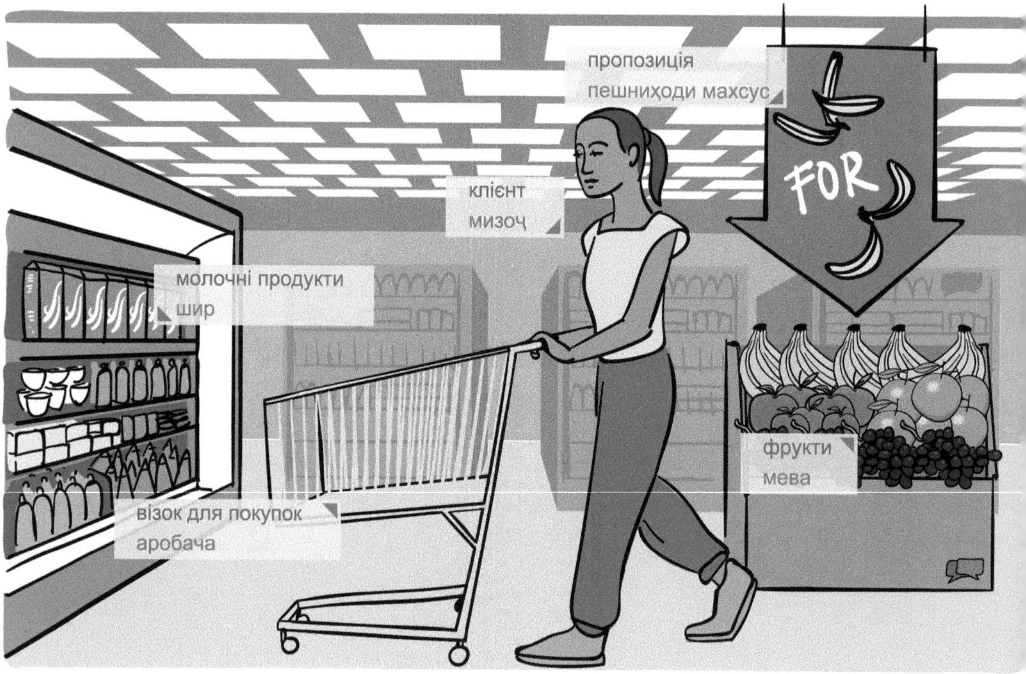

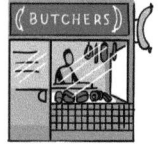

м'ясний магазин
....
дукони гӯштфурӯшӣ

BAKERY

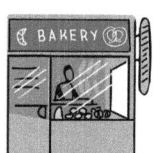

пекарня
....
дукони нонфурӯшӣ

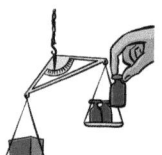

зважувати
....
баркашидан

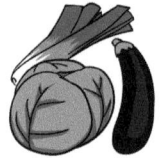

овочі
....
сабзавот

м'ясо
....
гӯшт

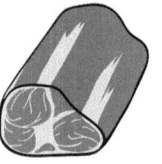

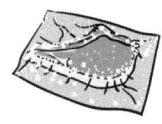

заморожені продукти
....
хӯроки яхбаста

ковбасна нарізка

тилимхои борик буридаи
гушт

консерви

озуҳавории
консервонидашуда

пральний порошок

хокаи либосшӯй

солодощі

ширинӣ

предмети домашнього
побуту

асбоби рӯзгор

мийний засіб

воситаҳои тозакунанда

продавщиця

фурӯшанда

каса

касса

касир

кассир

список покупок

рӯихати харидкунӣ

часи роботи

соат ифтитоҳи

гаманець

ҳамён

кредитна картка

корти кредитӣ

сумка

чуздо

поліетиленовий пакет

пакет

супермаркет - супермаркет

вода

об

сік

шарбат

молоко

шир

кола

кола

вино

шароб

пиво

оби ҷав

алкоголь

машрубот

какао

какао

чай

чой

кава

қаҳва

еспресо

эспрессо

капучіно

каппучино

банан

банан

яблуко

себ

апельсин

норанчӣ

кавун

харбуза

лимон

лимӯ

морква

сабзӣ

часник

сир

бамбук

бамбук

цибуля

пиёз

гриб

занбӯруғ

горішки

чормағз

локшина

угро

спагеті

спагеттй

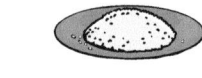

рис

биринч

салат

салат

картопля фрі

картошкаи қоқак

смажена картопля

картошкабирён

піца

Pizza

гамбургер

гамбургер

бутерброд

бутербурод

шніцель

шнитсел

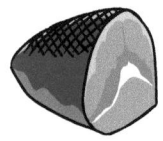

шинка

гӯшти намакардаи хук

салямі

ҳасиби салямй

ковбаса

ҳасиб

курка

мурғ

печеня

кабоб

риба

моҳй

вівсяні пластівці

ярмаи чав

мюслі

омехтаи ґалладонагӣ

кукурудзяні пластівці

ярмаи чуворимакка

борошно

орд

круасан

кулчақанд

булочка

кулчақанд

хліб

нон

тостовий хліб

як порча нони бирён

печиво

кулчачаҳои қандин

масло

маска

сир

творог

пиріг

пирог

яйце

тухм

яєчня

тухм бирён

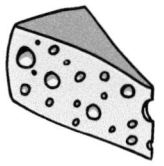

сир

панир

морозиво

яхмос

цукор

шакар

мед

асал

мармелад

мураббо

нуга-крем

хамираи ҳалво

карі

Curry

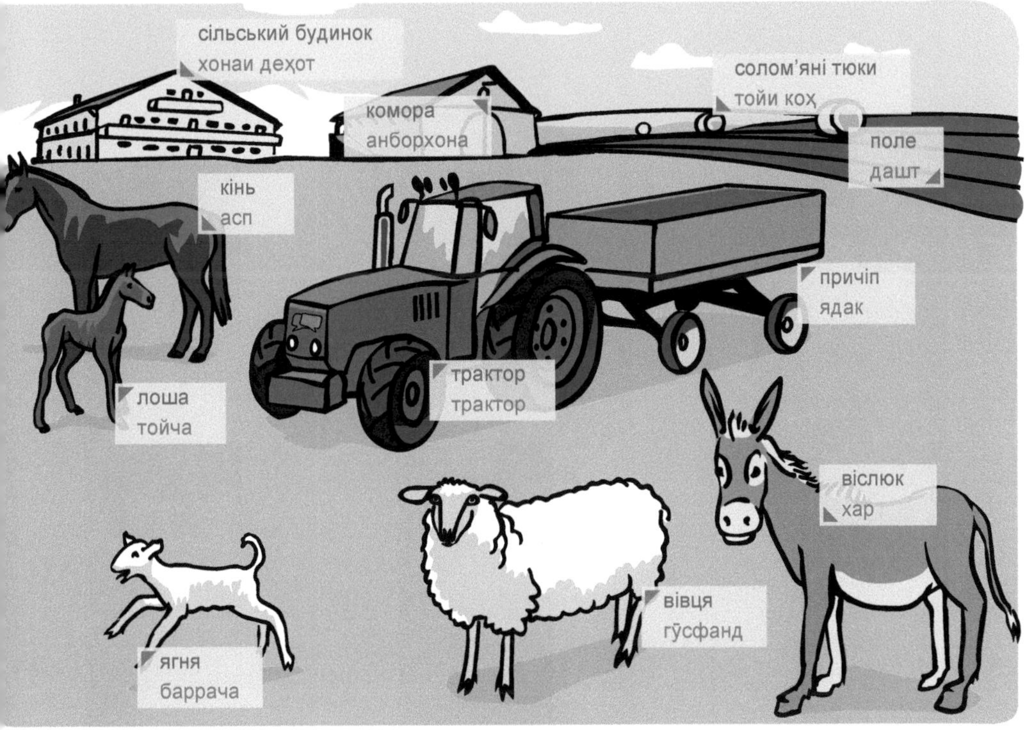

сільський будинок
хонаи дехот

комора
анборхона

солом'яні тюки
тойи кох

поле
дашт

кінь
асп

причіп
ядак

трактор
трактор

лоша
тойча

віслюк
хар

вівця
гӯсфанд

ягня
баррача

коза

буз

корова

гов

теля

гӯсола

свиня

хук

порося

хукча

бик

букқа

гусак

қоз

качка

мурғобй

курча

чӯча

курка

мурғ

півень

хурӯс

щур

каламуш

кіт

гурба

миша

муш

віл

барзагов

собака

саг

собача будка

хоначаи саг

садовий шланг

рӯдаи резинй

лійка

камобй метавонад

коса

дос

плуг

сипори шудгоркунии замин

серп

доси

мотика

каланд

вила

панчшоха

сокира

табар

тачка

ароба

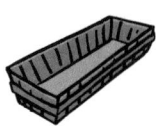

корито

охур

бідон молока

зарфи ширгирй

мішок

халта

паркан

девор

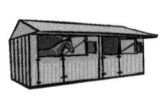

хлів

мӯътадил

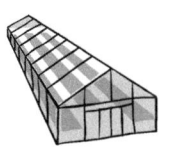

теплиця

гармхона

ґрунт

хок

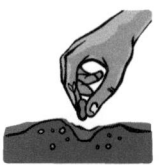

насіння

тухмй

добриво

нуриҳо

комбайн

комбайни ғаллағундорй

пожинати

хосил

урожай

хосил

корінь ямсу

yams

пшениця

гандум

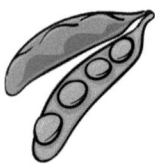

соя

лубиж

картопля

картошка

кукурудза

чуворй

ріпак

донаи маъсар

плодове дерево

дарахти мева

маніок

manioc

злаки

ғалладона

ферма - ферма

дім

хона

димохід
дудбаро
дах
бом
водостічний лоток
нова
вікно
тиреза
гараж
гараж
дзвінок
занги дар
двері
дар
відро для сміття
ахлотқуттӣ
поштова скринька
қуттии почта
сад
боғ

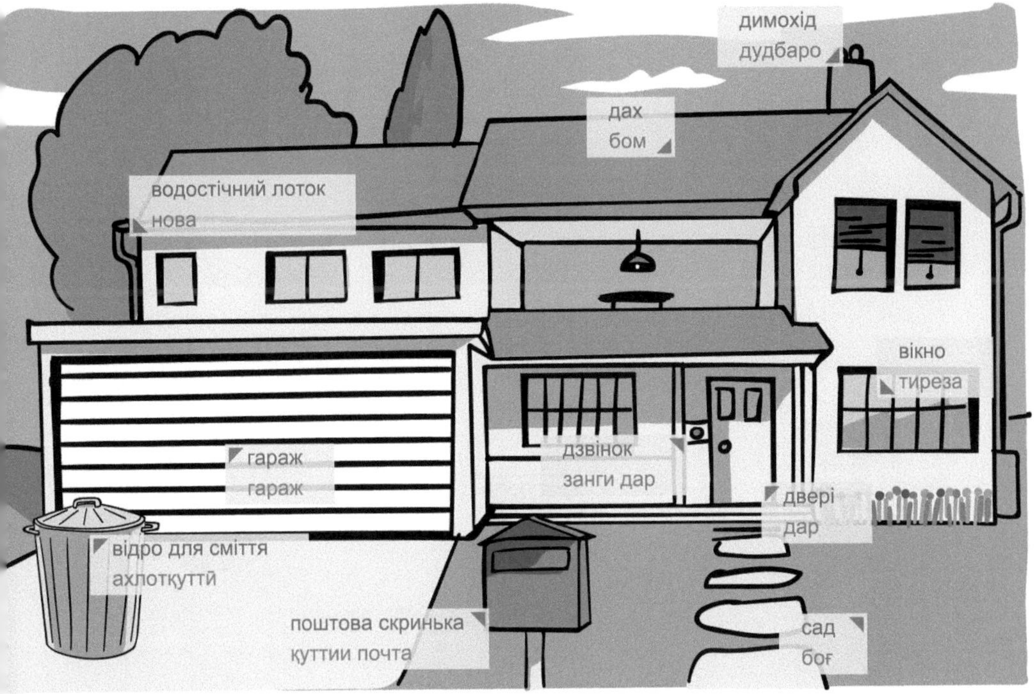

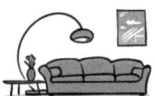

вітальня

мехмонхона

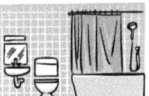

ванна кімната

ҳамом

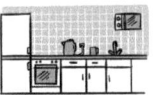

кухня

ошхона

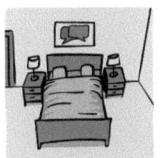

спальня

хонаи хоб

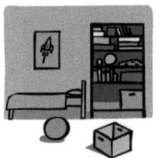

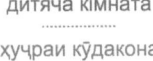

дитяча кімната

ҳуҷраи кӯдакона

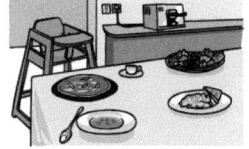

їдальня

ошхона

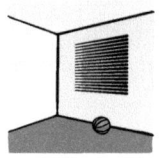

підлога

ошёна

стіна

девор

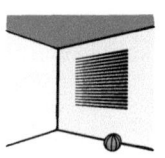

стеля

шифт

підвал

тагзаминй

сауна

сауна

балкон

балкон

тераса

суфача

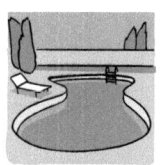

басейн

ҳавз

косарка

мошини алафдарав

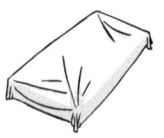

простирало

варақ

ковдра

кампал

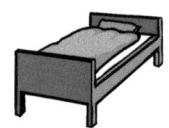

ліжко

кат

мітла

чорӯб

відро

сатил

перемикач

калид

вітальня

мехмонхона

шпалери
зардеворӣ
малюнок
расм
лампа
лампа
поличка
рафи китобмонӣ
шафа
ҷевони зарфҳо
телевізор
телевизор
камін
оташдон
квітка
гул
подушка
болишт
диван
диван
ваза
гулдон
пульт
пулт

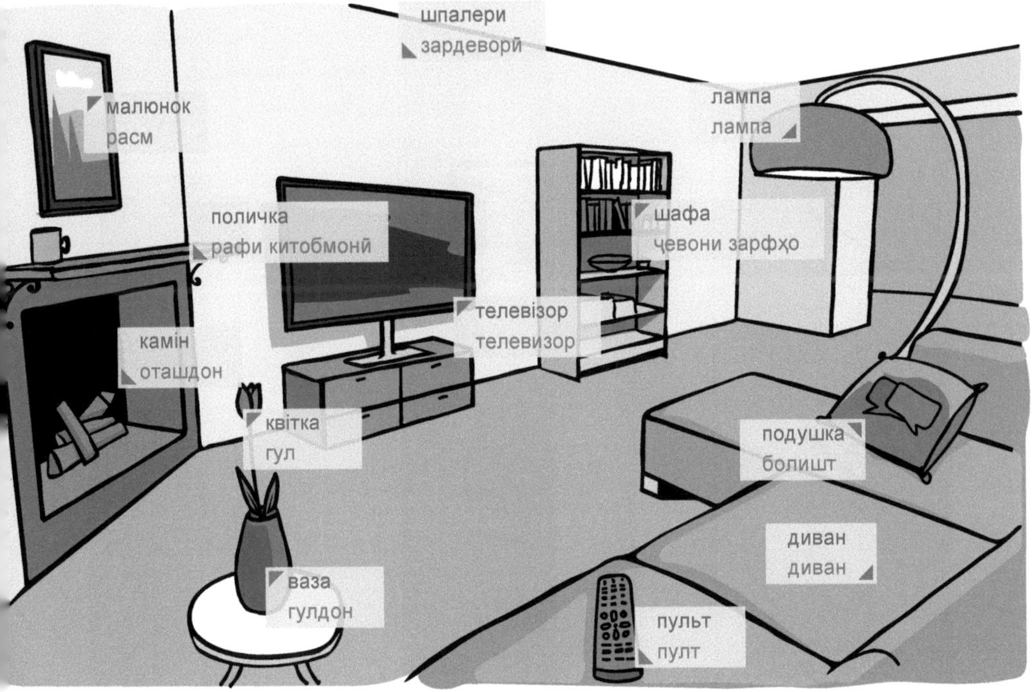

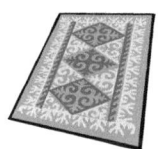

килим

қолин

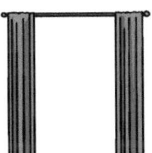

завіса

парда

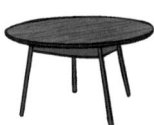

стіл

мизи

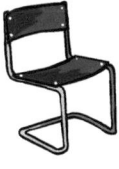

стілець

курсӣ

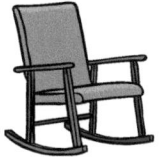

крісло-гойдалка

rocking кафедраи

крісло

курсӣ

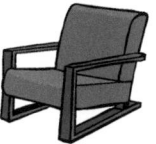

книга

китоб

ковдра

курпа

прикраса

ороиш

дрова

ҳезум

фільм

филм

стереосистема

дастгоҳи hi-fi

ключ

калид

газета

рӯзнома

картина

расм

плакат

эълон

радіо

радио

блокнот

китобчаи қайдҳо

пилосос

чангкашак

кактус

кактус

свічка

шам

кухня
ошхона

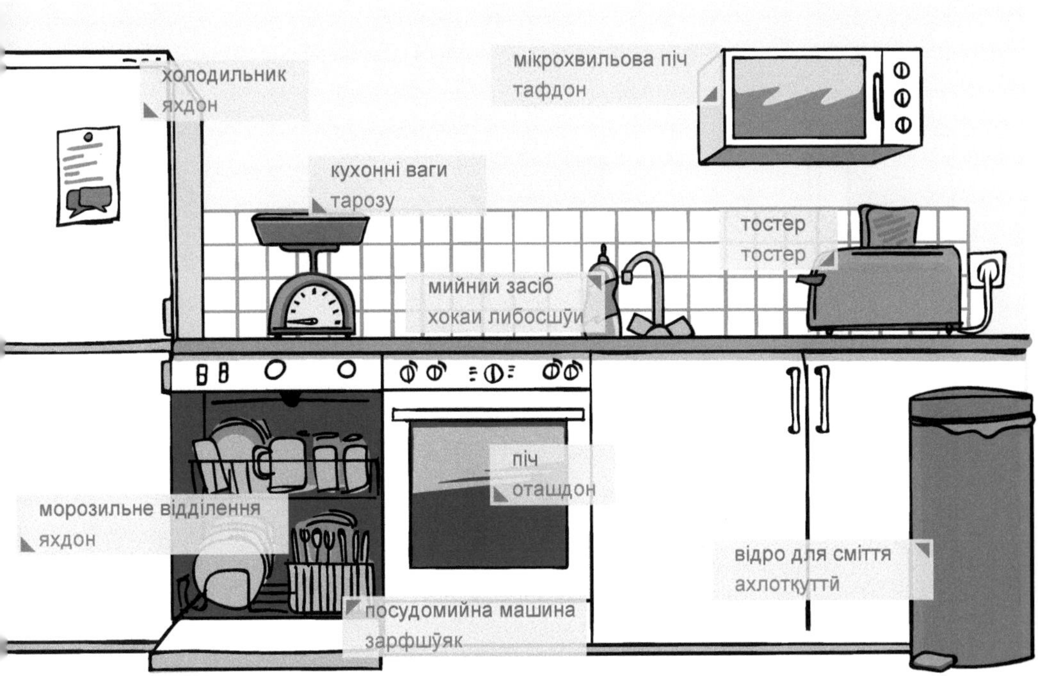
холодильник
яхдон
мікрохвильова піч
тафдон
кухонні ваги
тарозу
тостер
тостер
мийний засіб
хокаи либосшўи
піч
оташдон
морозильне відділення
яхдон
відро для сміття
ахлотқуттӣ
посудомийна машина
зарфшўяк

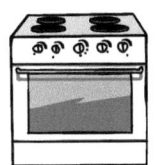

плита
плита

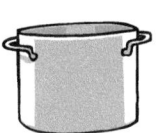

горщик
тубак

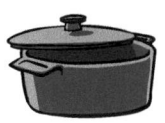

чавунний горщик
дег

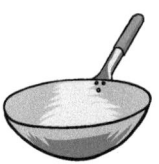

вок / кадай
дег / кадӣ

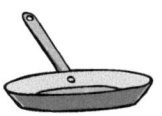

сковорода
тоба

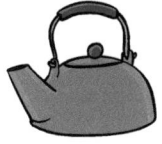

чайник
чойник

пароварка

steamer

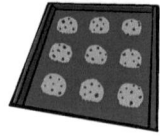

лист

лист

посуд

зарф

кухоль

кружка

чаша

коса

палички для їжі

чубаки хурокхӯрӣ

черпак

кафлези

лопатка

кафлези ҳамвор

вінчик для збивання

whisk

сито

strainer

сито

элак

терка

турбтарошак

ступка

миномет

барбекю

Кабоб Кардан

багаття

оташ кушод

дошка
тахтаи резакунй

качалка
чӯба

штопор
пӯккашак

конзерва
банка

відкривачка
консервокушояк

прихватки
дастак

раковина
дастшӯяк

щітка
чӯтка

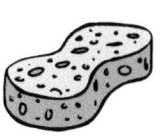

губка
исфанҷ

міксер
блендер

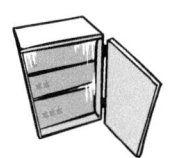

морозильна камера
сармодон

дитяча пляшка
шишача

кран
чумак

ванна кімната

ҳамом

опалення
гармидиҳӣ
рушник
сачоқ
душ
душ
душова завіса
пардаи душ
піниста ванна
ваннаи кафкдор
ванна
ванна
склянка
истакон
пральна машина
мошини ҷомашӯӣ
кран
ҷумак
плитка
фарши кошинкорӣ
горшок
тубак
раковина
дастшӯяк

туалет

ҳоҷатхона

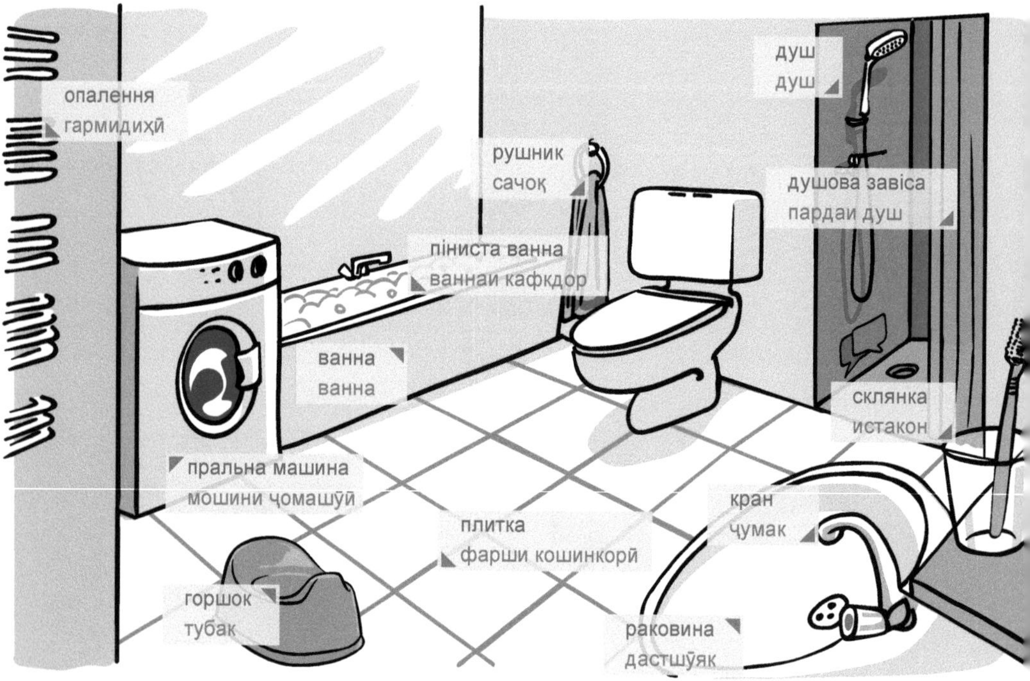

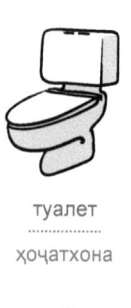

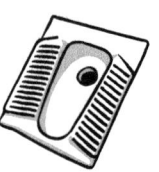

підлоговий туалет

нишастгоҳи халоҷои рӯйфаршӣ

біде

биде

пісуар

ҳоҷатхонаи мардона

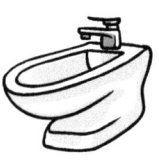

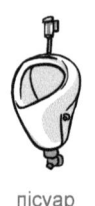

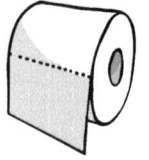

туалетний папір

коғази ташноб

щітка для туалету

чӯткаи ҳоҷатхона

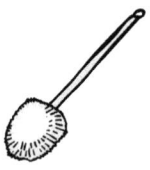

зубна щітка

дандоншӯяк

зубна паста

хамираи дандоншӯи

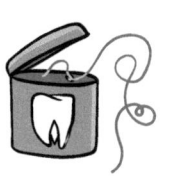

нитка для чищення зубів

риштаи дандонтозакунй

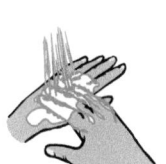

мити

шӯстан

ручний душ

души дастй

інтимний душ

обшӯй

таз

ҳавза

щітка для спини

шона кардани мӯй

мило

собун

гель для душу

гел барои душ

шампунь

шампун

мочалка

бумазй

водостік

заҳкаш

крем

крем

дезодорант

дезодорант

дзеркало

оина

космечне дзеркало

оинаи дастй

бритва

риштарошаки барқи

піна для гоління

кафк барои риштарошй

лосьйон після гоління

оби мушкини баъди риштарошй

гребінь

шона

щітка

чўтка

фен

мўйхушкунак

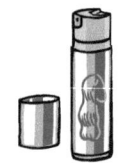

лак для волосся

лак барои мўй

косметика

косметика

губна помада

лабсурхкунак

лак для нігтів

лок барои нохун

вата

пахта

ножиці для нігтів

қайчии нохунгирй

парфум

атриёт

косметичка

чузвдони косметики

табурет

қазои ҳоҷат

ваги

тарозу

халат

хилъат

гумові рукавички

дастпӯшак резина

тампон

тампон

гігієнічні прокладки

дастмоли санитарй

біотуалет

био-ҳоҷатхона

дитяча кімната
ҳуҷраи кӯдакона

будильник
соати рӯимизии зангдор
м'яка іграшка
бозичаи мулоим
іграшковий автомобіль
мошини бозича
брязкальце
тиқ-тиқ кардан
ляльковий будиночок
хоначаи бозичагӣ
подарунок
ҳузур

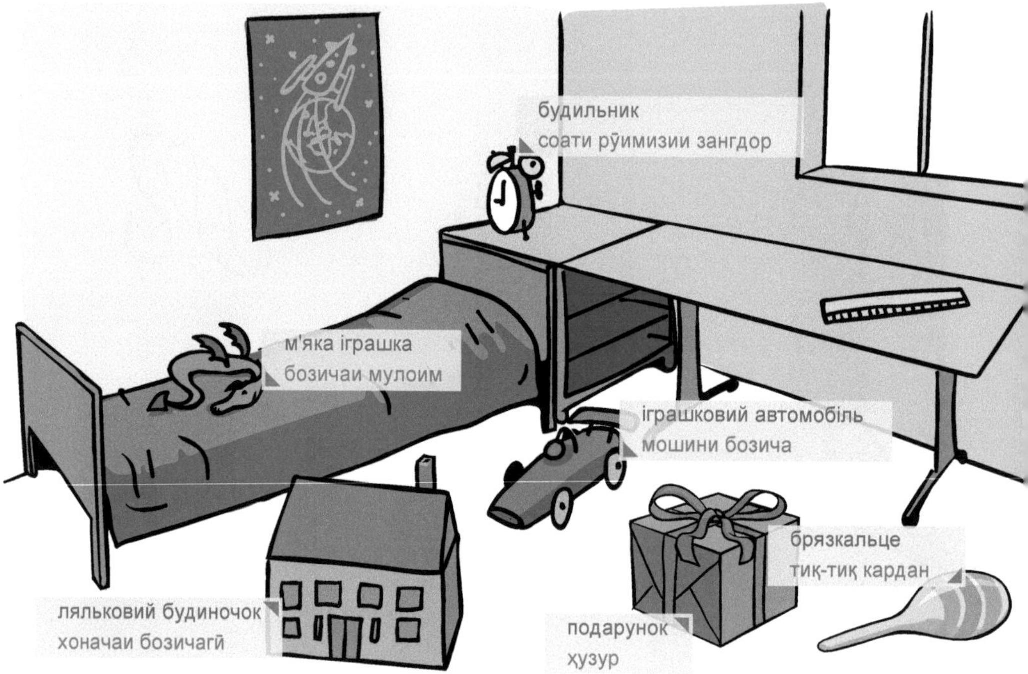

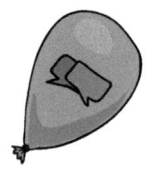

повітряна кулька

пуфак

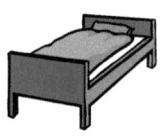

ліжко

кат

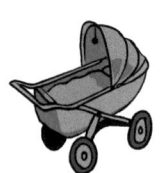

дитячий візок

аробочаи кудакона

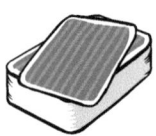

картярська гра

маҷмӯи кортҳо

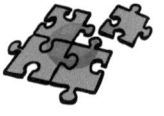

пазл

бозии муамоёбӣ

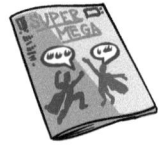

комікс

комикс

лего цеглинки

хиштҳои лего

блоки

мағозаи бозичафурӯхтан

іграшкова фігурка

рақам амал

повзунки

либоси ғаваккашӣ

фризбі

фрисби

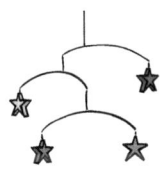

мобіле

мобилӣ

настільна гра

лавҳачаи бозӣ

кубик

кубик

модель залізнична станція

маҷмӯи модели қатора

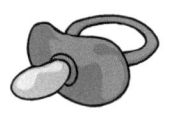

соска

пистонак

вечірка

ҳизб

книжка з картинками

китоби расм

м'яч

тӯб

лялька

лӯхтак

грати

бози кардан

пісочниця

куттии рег

гойдалка

арґунчак

іграшка

бозича

гральна консоль

консоли бозихои видеой

триколісний велосипед

велосипеди сечарха

плюшевий мішка

хирсаки бахмалии патдор

шафа

чевон

ОДЯГ

либос

шкарпетки

чуроб

панчохи

чуроби сокбаланд

колготки

колготки

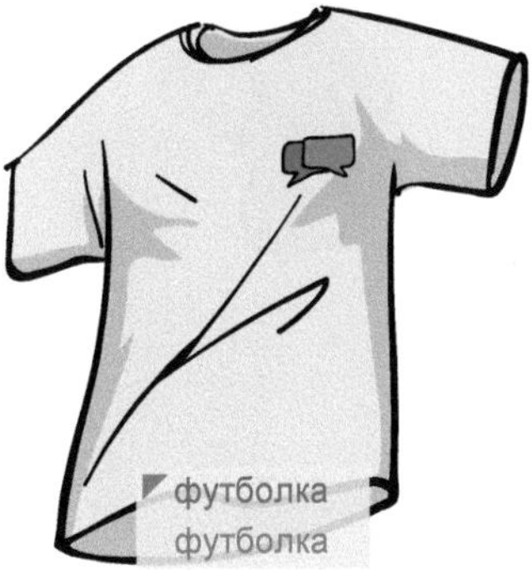

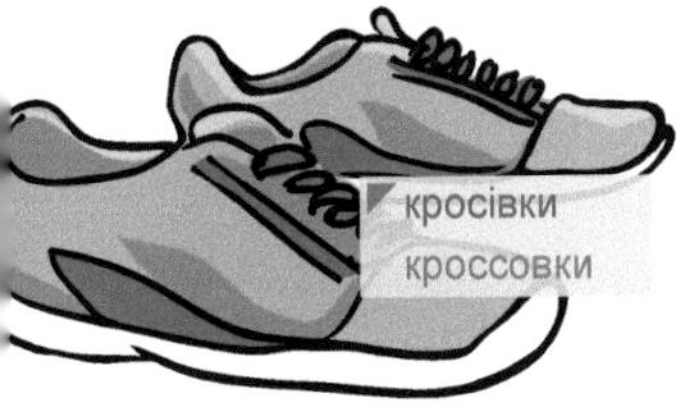

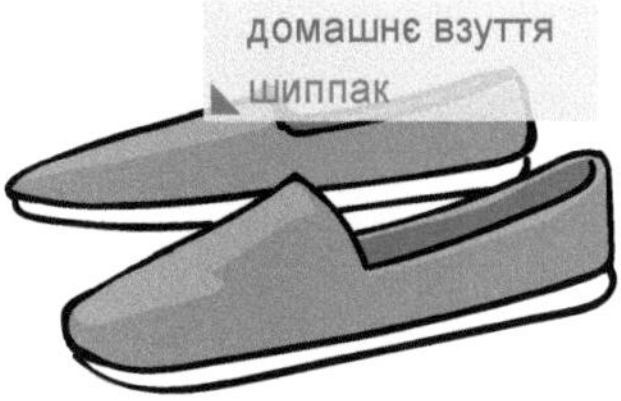

шарф
гарданпеч

ремінь
тасма

парасоля
чатр

футболка
футболка

чоботи
пойафзол

домашнє взуття
шиппак

кросівки
кроссовки

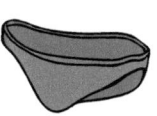

сандалі
босоножкй

взуття
пойафзол

гумові чоботи
музаи резинй

труси
турсй

бюстгальтер
синабанд

нижня сорочка
майка

боді

бадан

штани

шим

джинси

чинс

спідниця

юбка

блузка

куртаи нимтаи занона

сорочка

курта

пуловер

свитер

светр

свитер

піджак

пичак

куртка

нимтана

пальто

палто

дощовик

плаш

костюм

костюм

сукня

куртаи занона

весільна сукня

либос тӯйи

костюм

костюм

нічна сорочка

куртаи хоб

піжама

пижама

сарі

Сари

головна хустка

рӯймол

чалма

салла

бурка

ниқобу

кафтан

кафтан

абая

абая

купальник

либоси обозӣ

плавки

эзорчаи шиноварии мардона

шорти

шорти

тренувальний костюм

либоси варзишӣ

фартух

пешбанд

рукавички

дастпӯшак

гудзик

тугма

окуляри

айнак

браслет

дастпона

ланцюг

гарданбанд

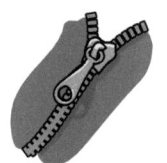

кільце

ангуштарин

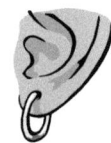

сережка

гӯшвора

шапка

кулоҳ

плічка

либосовезак

капелюх

кулоҳ

краватка

галстук

застібка-блискавка

занҷирак

шолом

тоскулоҳ

підтяжки

шимбардор

шкільна форма

либоси мактабӣ

уніформа

либоси

нагрудник

пешгир

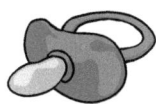

соска

пистонак

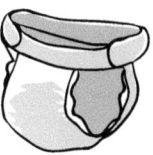

підгузок

подгузник

офіс
идора

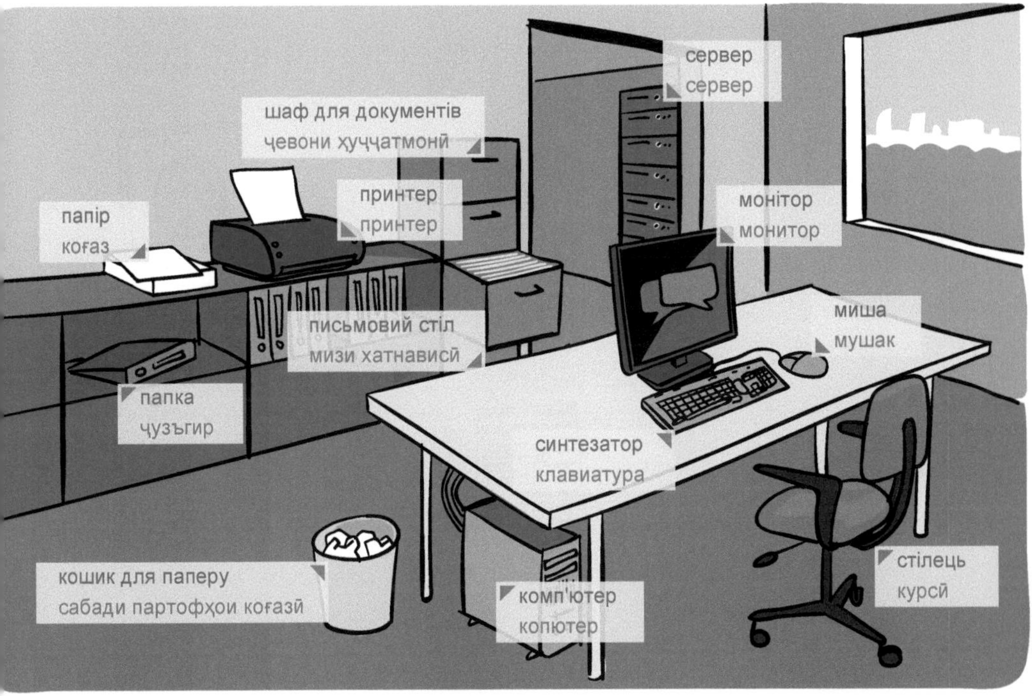

сервер
сервер

шаф для документів
чевони хуччатмонй

принтер
принтер

монітор
монитор

папір
коғаз

письмовий стіл
мизи хатнависй

миша
мушак

папка
чузъгир

синтезатор
клавиатура

кошик для паперу
сабади партофхои коғазй

комп'ютер
колютер

стілець
курсй

кавовий кухоль

кружкаи қаҳванӯшй

калькулятор

калкулятор

інтернет

интернет

ноутбук

ноутбук

лист

мактуб

повідомлення

хабар

мобільний телефон

телефони мобилй

мережа

шабака

копіювальний пристрій

нусхабардор

програмне забезпечення

нармафзор

телефон

телефон

розетка

розетка

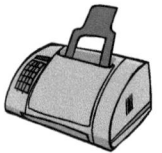

факс

факс

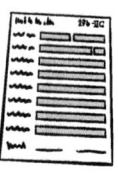

бланк

шакл

документ

хуччат

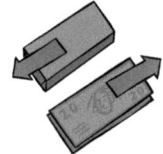

купувати

харидан

платити

пардохт

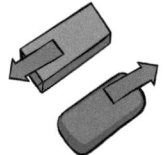

торгувати

савдо

гроші

пул

долар

доллар

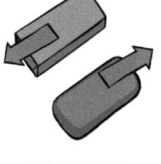 

євро

евро

ієна

йен

рубль

рубл

франк

франки швейцариягӣ

юанів женьміньбі

юан

рупія

рупй

банкомат

нуқтаи нақд

обмінний пункт

нуқтаи мубодилаи асъор

золото

тилло

срібло

нуқра

нафта

равғани растанй

енергія

энерги

ціна

нарх

контракт

шартнома

податок

андоз

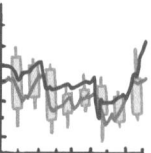

акція

саҳмия

працювати

кор

працівник

хизматчӣ

роботодавець

соҳибкор

фабрика

завод

магазин

сехи

професії

касбҳо

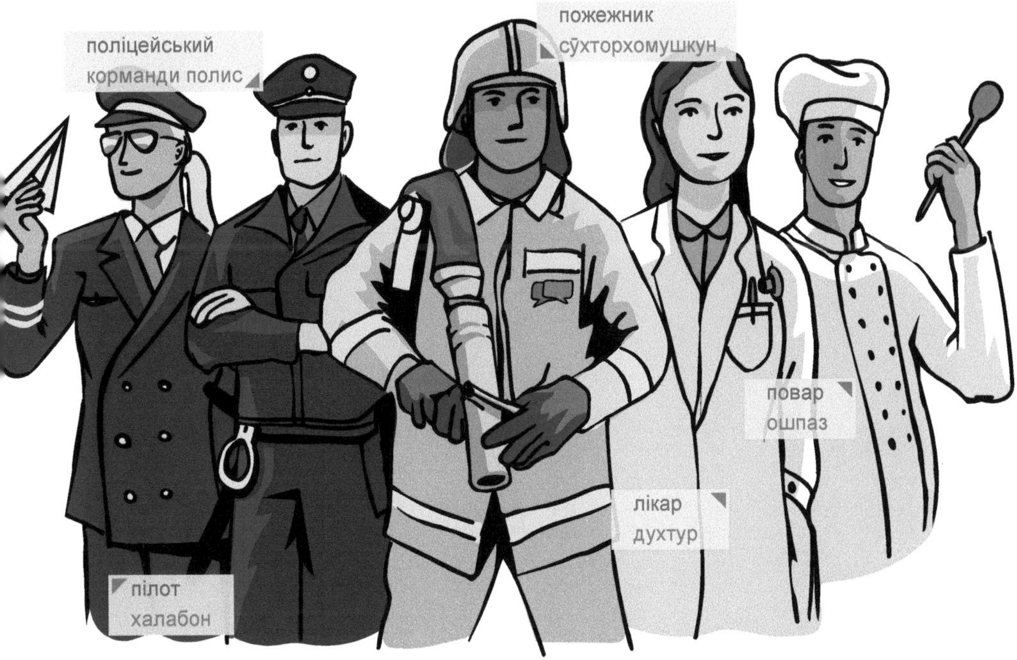

поліцейський
корманди полис
пожежник
сӯхторхомушкун
повар
ошпаз
лікар
духтур
пілот
халабон

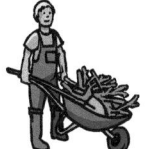

садівник

боғбон

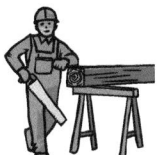

столяр

чӯбтарош

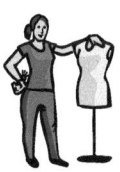

швачка

дӯзанда

суддя

судя

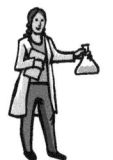

хімік

кимиёшинос

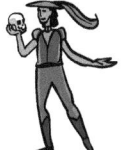

актор

актер

водій автобуса

ронандаи автобус

таксист

таксист

рибалка

моҳигир

прибиральниця

фаррошзан

покрівельник

устои бомпӯш

офіціант

пешхизмат

мисливець

шикорчй

художник

расом

пекар

нонвой

електрик

барқ

будівельник

сохтмончй

інженер

инженер

забійник

қассоб

бляхар

устои шабакаи об

листоноша

хаткашон

солдат

сарбоз

архітектор

меъмор

касир

кассир

флорист

гулфурӯш

перукар

сартарош

кондуктор

кондуктор

механік

механик

капітан

капатан

дантист

духтури дандон

вчений

олим

рабин

хохом

імам

имом

монах

шайх

пастор

саркоҳин

інструменти

асбобҳо

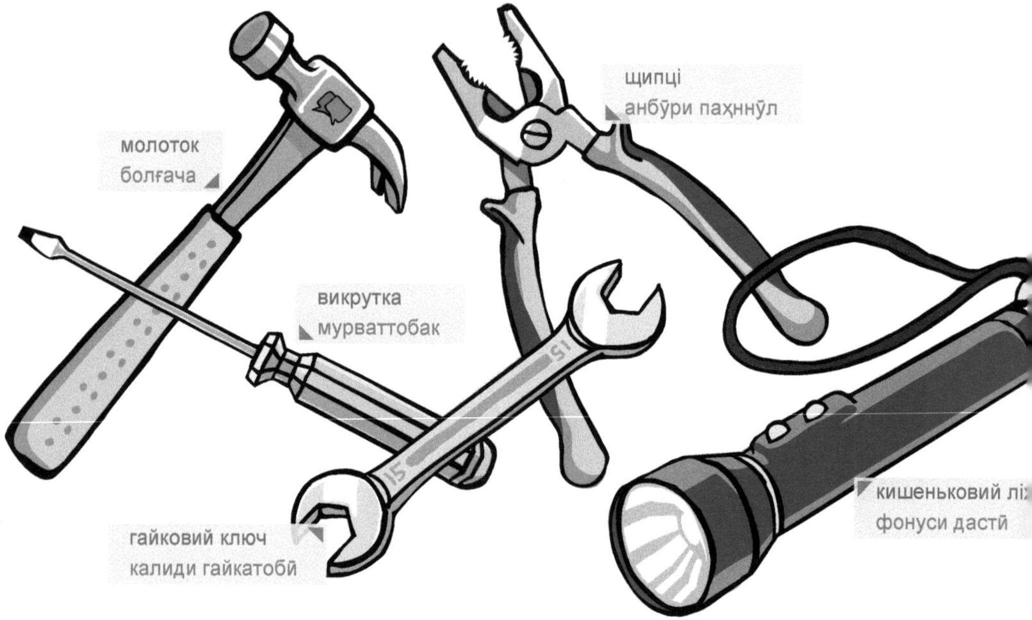
щипці
анбӯри паҳннӯл
молоток
болғача
викрутка
мурваттобак
гайковий ключ
калиди гайкатобӣ
кишеньковий лі
фонуси дастӣ

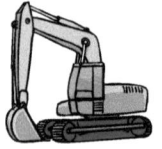

екскаватор

экскаватор

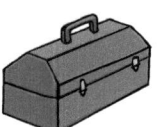

ящик для інструментів

қутии асбобҳо

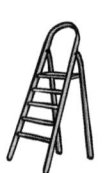

драбина

зинапоя

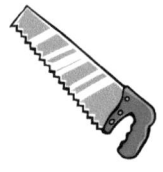

пилка

арра

цвяхи

мехҳо

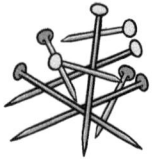

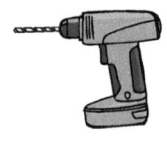

свердло

пармаи электрикӣ

ремонтувати

таъмир

лопата

бел

лайно!

Сабил монад!

совок

белчаи хокрӯбагирӣ

відро з фарбою

сатили ранг

гвинти

мехи печдор

музичні інструменти
асбобҳои мусиқӣ

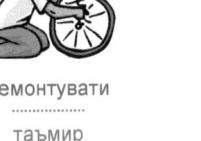

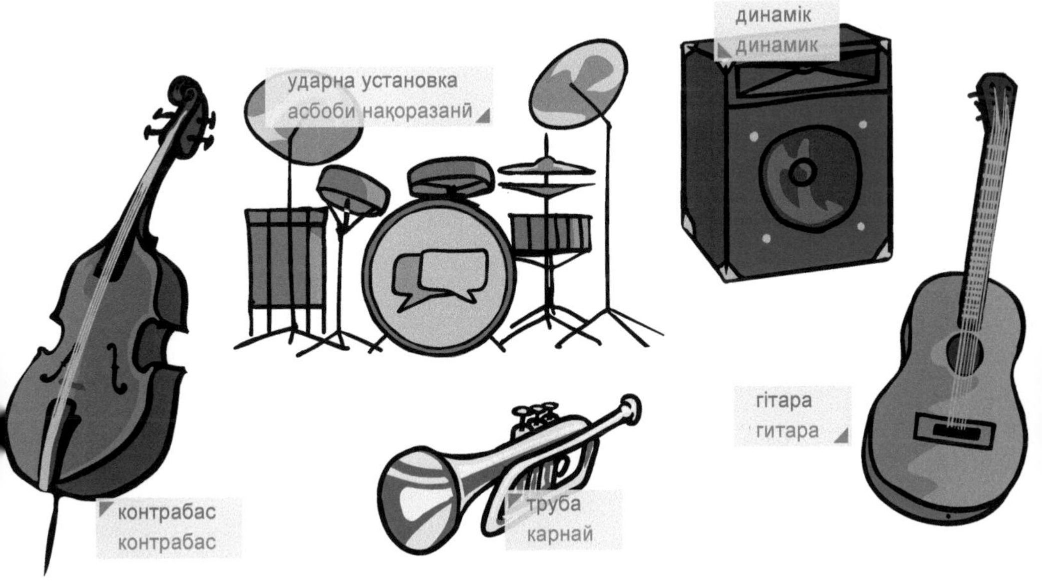

ударна установка
асбоби нақоразанӣ

динамік
динамик

гітара
гитара

контрабас
контрабас

труба
карнай

фортепіано

пианино

скрипка

ғиччак

бас

бас-гитара

литаври

нақораи поядор

барабан

нақора

клавіатура

клавиатура

саксофон

саксофон

флейта

най

мікрофон

баландгӯяд

зоопарк
боғи ҳайвонот

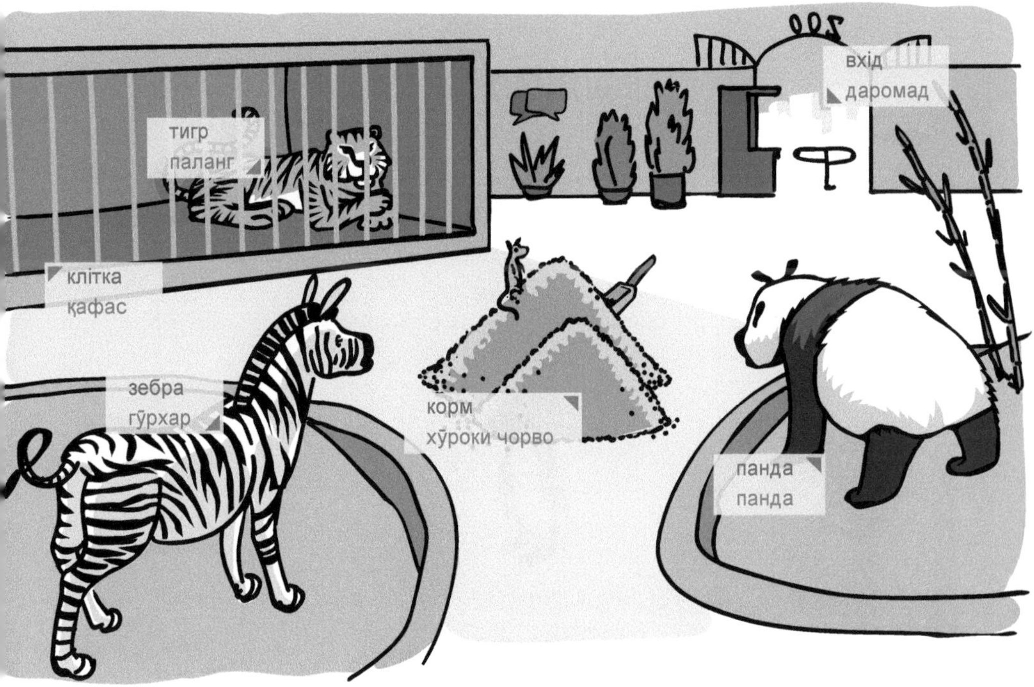
вхід
даромад
тигр
паланг
клітка
қафас
зебра
гӯрхар
корм
хӯроки чорво
панда
панда

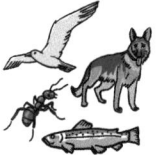

тварини

ҳайвонот

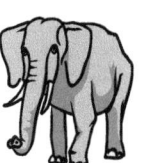

слон

фил

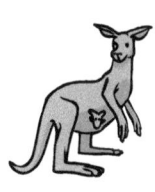

кенгуру

кенгуру

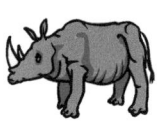

носоріг

каркадан

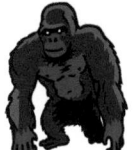

горила

горилла

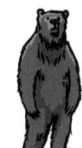

ведмідь

хирси бӯр

верблюд

шутур

страус

шутурмурғ

лев

шер

мавпа

маймун

фламінго

бутимор

папуга

тӯти

білий ведмідь

хирси сафед

пінгвін

пингвин

акула

наҳанг

павич

товус

змія

мор

крокодил

тимсоҳ

працівник зоопарку

посбон

тюлень

сил

ягуар

ягуар

поні

аспи кӯтоҳқад

леопард

леопард

гіпопотам

баҳмут

жираф

заррофа

орел

уқоб

кабан

хуки ваҳшй

риба

моҳй

черепаха

сангпушт

морж

морж

лисиця

рӯбоҳ

газель

ғизол/оху

американський футбол
футболи амрикои

їзда на велосипеді
велосипедронӣ

теніс
теннис

баскетбол
баскетбол

плавання
шиноварӣ

бокс
бокс

хокей
хоккей

футбол
футбол

бадмінтон
бадмингтон

легка атлетика
атлетика

гандбол
гандбол

лижні перегони
лижаронӣ

поло
тӯббозӣ бо асп

дії

фаъолият

сміятися
ханда
стрибати
паридан
обіймати
оғӯш гирифтан
йти
пиёда рафтан
співати
шеър хондан
мріяти
орзӯ кардан
молитися
ибодат кардан
цілувати
бӯса кардан

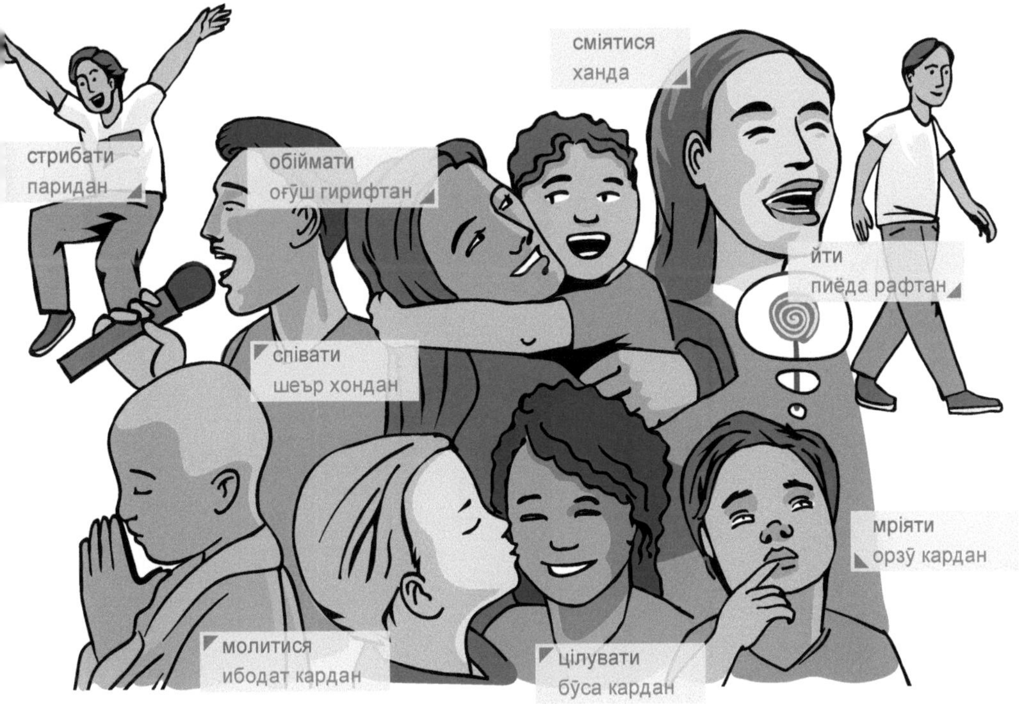

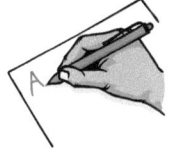

писати

навиштан

малювати

кашидан

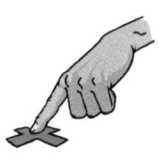

показувати

нишон додан

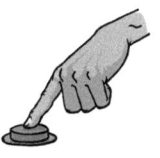

тиснути

тела додан

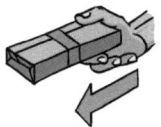

давати

додан

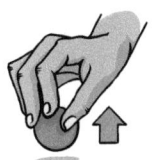

брати

гирифтан

мати
....
доранд

робити
....
кор

бути
....
бошад

стояти
....
истодан

бігати
....
давидан

тягнути
....
кашидан

кидати
....
партофтан

падати
....
афтидан

лежати
....
дароз кашидан

очікувати
....
интизор шудан

носити
....
бардошта бурдан

сидіти
....
нишастан

одягати
....
либос пӯшидан

спати
....
хобин

просипатися
....
бедор шудан

дивитися

нигоҳ кардан

плакати

гиря кардан

гладити

сила кардан

розчісувати

шона

розмовляти

гап задан

розуміти

фаҳмидан

питати

пурсидан

слухати

гӯш кардан

пити

нӯштдан

їсти

хӯрдан

прибирати

ғундоштан

любити

ишқ

варити

ошпаз

їхати

рондан

літати

парвоз кардан

йти під вітрилом

бо бодбон ҳаракат кардан

рахувати

ҳисоб кардан

читати

хондан

вчитися

омӯхтан

працювати

кор

одружуватися

оиладор шудан

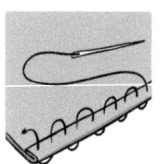

шити

дӯхтан

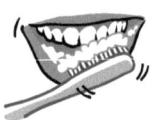

чистити зуби

дадон шӯстан

убивати

куштан

курити

дуд

посилати

фиристодан

сім'я

оила

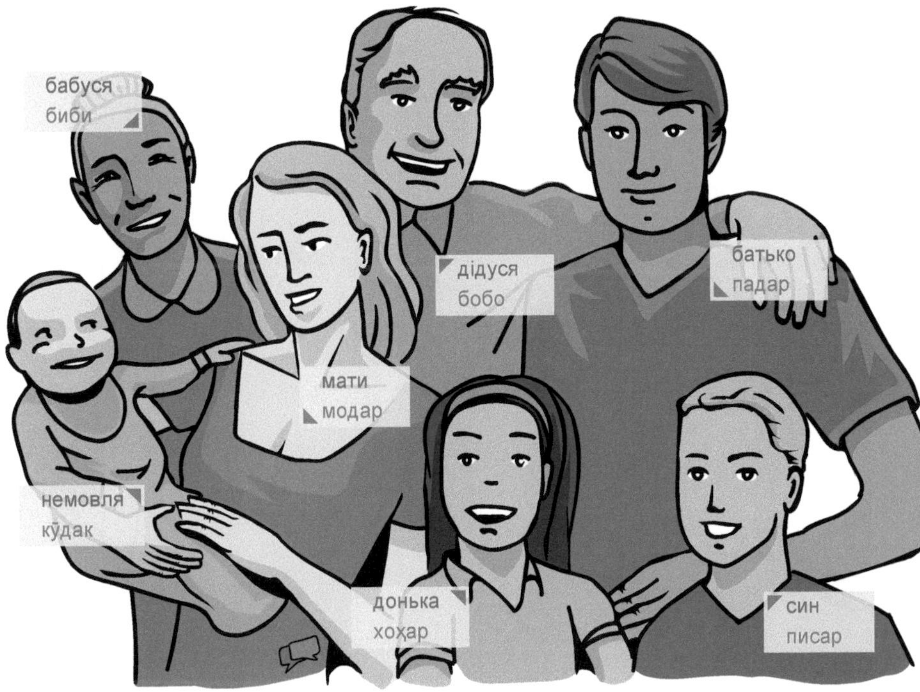
бабуся
биби
дідуся
бобо
батько
падар
мати
модар
немовля
кӯдак
донька
хоҳар
син
писар

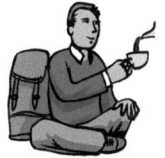

гість

меҳмон

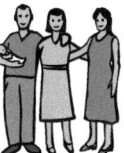

тітка

хола

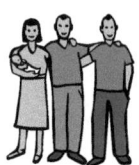

дядько

амак

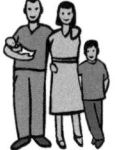

брат

бародар

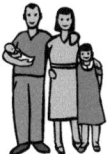

сестра

хоҳар

тіло

бадан

чоло
пешонӣ
око
чашм
плече
китф
палець
ангушт
обличчя
рӯй
підборіддя
манаҳ
кисть
панҷаи даст
нога
пой
груди
қафаси сина
рука
даст

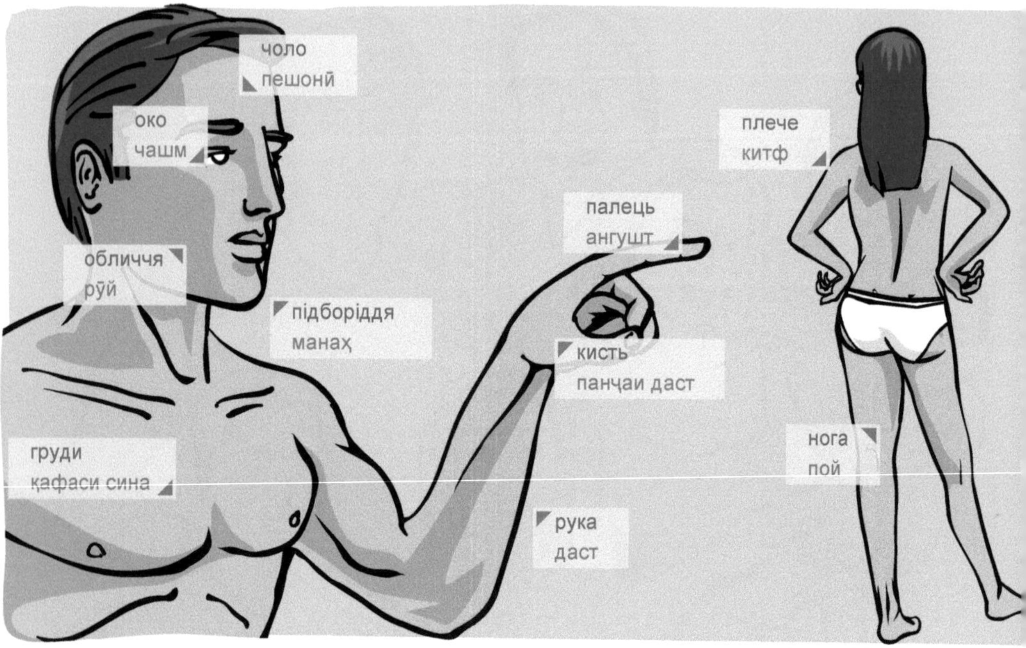

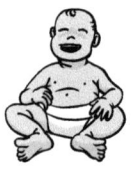

немовля

кӯдак

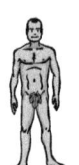

чоловік

мард

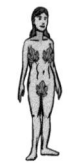

жінка

зан

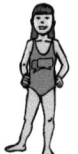

дівчина

духтар

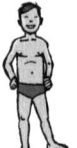

хлопчик

писар

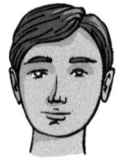

голова

сар

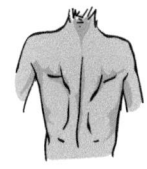

спина

пушт

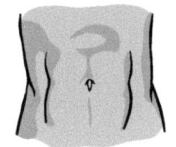

живіт

шикам

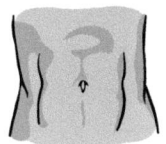

пуп

ноф

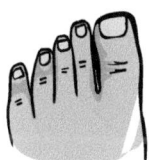

палець ноги

ангушти пой

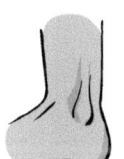

п'ята

пошнаи пой

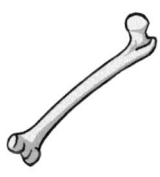

кістка

устухон

стегно

рон

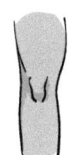

коліно

зону

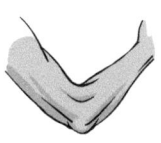

лікоть

оринч

ніс

бинй

сідниці

таг

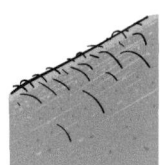

шкіра

пӯст

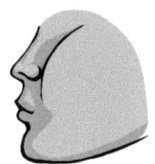

щока

рухсора

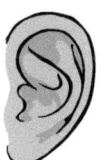

вухо

гӯш

губа

лаб

тіло - бадан

69

рот
дахон

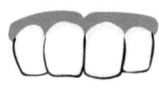

зуб
дадон

язик
забон

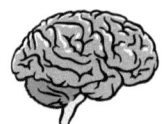

мозок
майнаи сар

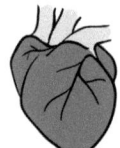

серце
дил

м'яз
мушак

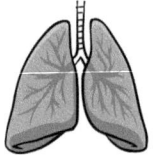

легені
шуш

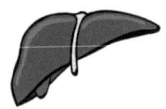

печінка
чигар

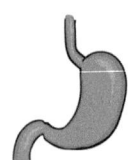

шлунок
меъда

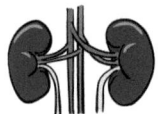

нирки
гурдахо

статевий акт
алоқаи чинсӣ

презерватив
рифола

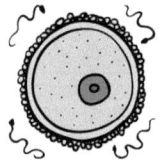

яйцеклітина
тухмхуҷайра

сперма
нутфа

вагітність
ҳомиладорӣ

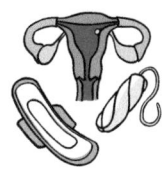

менструація
....
ҳайз

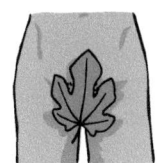

вагіна
....
маҳбал

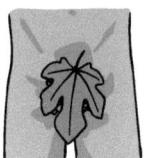

пеніс
....
кер

брова
....
абрӯ

волосся
....
мӯй

шия
....
гардан

тіло - бадан

лікарня
беористон

лікарня
беористон
машина швидкої допомоги
ёрии таъҷилӣ
інвалідний візок
аробачаи маъюбон
перелом
шикасти устухон

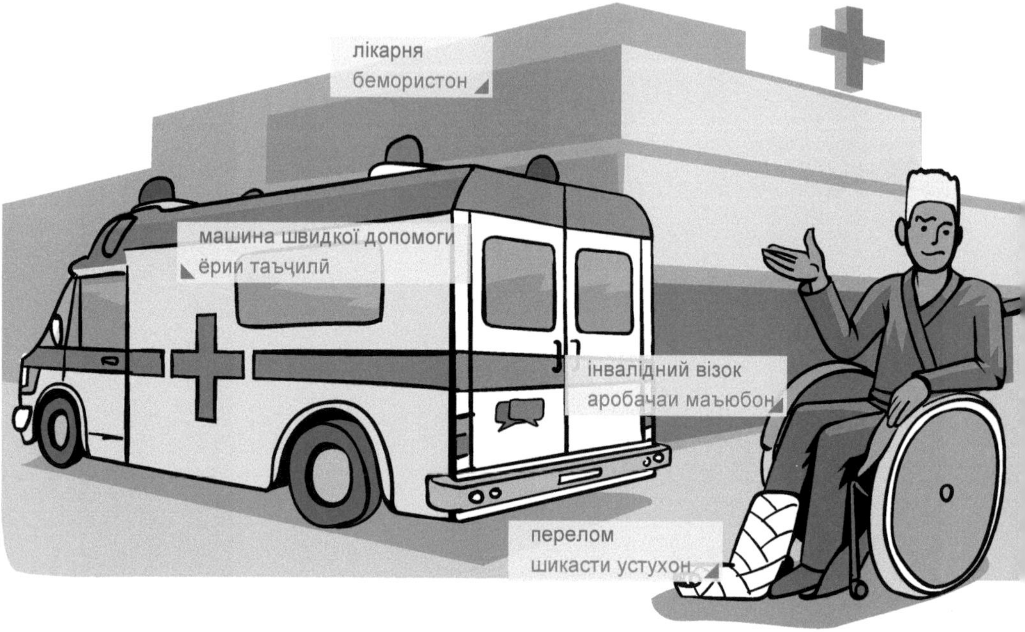

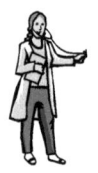

лікар

духтур

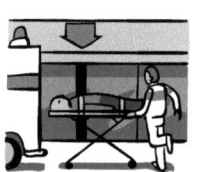

відділення швидкої медичної допомоги

ҳуҷраи ёрии фаврӣ

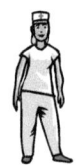

медсестра

ҳамшираи тиббӣ

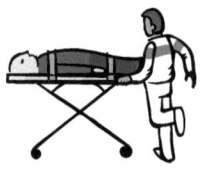

аварійний випадок

ҳолати фавқулодда

непритомний

беҳуш

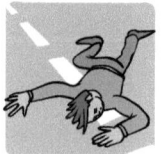

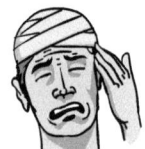

біль

дард

травма

чароҳат

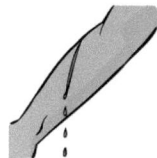

кровотеча

хунравй

інфаркт

дилзанак

інсульт

сактаи майна

алергія

аллергия

кашель

сулфа

лихоманка

табларза

грип

грипп

пронос

шикамравй

головна біль

сардард

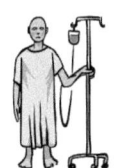

рак

саратон

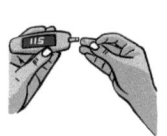

діабет

диабет

хірург

чарроҳ

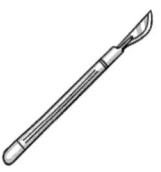

скальпель

скалпел

операція

чарроҳй

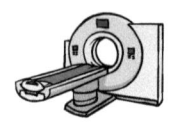

КТ

Томографияи компютерй

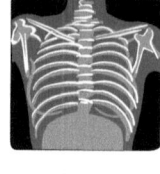

рентген

шӯъои ренгенй

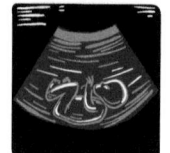

ультразвук

ултрасадо

маска

ниқоби рӯй

хвороба

беморй

зал очікування

ҳучраи интизорй

милиця

асобағал

пластир

марҳам

пов'язка

дока

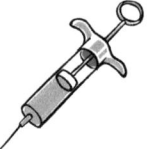

ін'єкція

сӯзандору

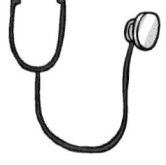

стетоскоп

стетоскоп

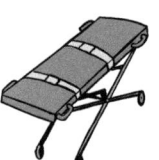

ноші

занбар

термометр

ҳароратсанҷ

народження

таваллуд

надмірна вага

вазни зиёдатй

слуховий апарат

тачхизоти шунавой

дезінфікуючий засіб

моддаи безараргардонй

інфекція

инфексия

вірус

вирус

ВІЛ / СНІД

ВИЧ / СПИД

медицина

дору

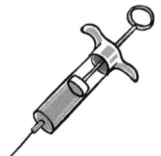

вакцинація

ваксинатсия

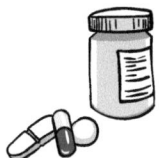

таблетки

ҳабҳо

протизаплідна пігулка

ҳаб

екстрений виклик

занги изтирорй

тонометр

монитори фишори хун

хворий / здоровий

бемор/солим

Допоможіть!

Кумак!

сигнал тривоги

ҳушдор

напад

ҳучум

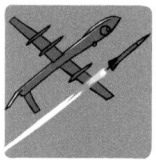

атака

ҳамла

небезпека

хатар

аварійний вихід

баромадгоҳи таҳлиявӣ

Вогонь!

Сӯхтор!

вогнегасник

оташнишон

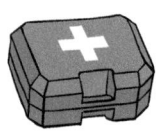

аварія

садама

аптечка

дорукуттӣ

СОС

бонги хатар

поліція

полис

Європа

Аврупо

Північна Америка

Америкаи Шимолй

Південна Америка

Америкаи Ҷанубй

Африка

Африка

Азія

Осиё

Австралія

Австралия

Атлантика

Уқёнуси Атлантик

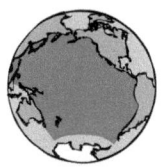

Тихий океан

Уқёнуси Ором

Індійський океан

Уқёнуси Ҳинд

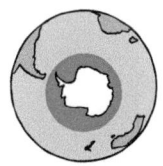

Антарктичний океан

Уқёнуси Антарктика

Північний Льодовитий
океан

Уқёнуси Арктика

Північний полюс

Қутби шимол

Південний полюс

Қутби ҷануб

Антарктика

Антарктика

Земля

замин

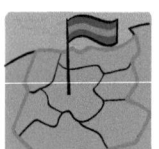

суша

замин

море

баҳр

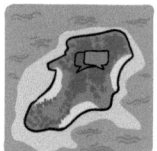

острів

ҷазира

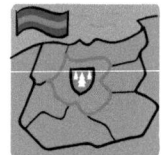

нація

миллат

держава

давлат

циферблат

сиферблат

годинникова стрілка

ақрабаки соат

хвилинна стрілка

ақрабаки дақиқашумор

секундна стрілка

ақрабаки сонияшумор

Котра година?

Соат чанд?

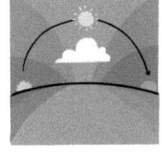

день

рӯз

час

замон

зараз

ҳозир

цифровий годинник

соати электронй

хвилина

лаҳза

година

соат

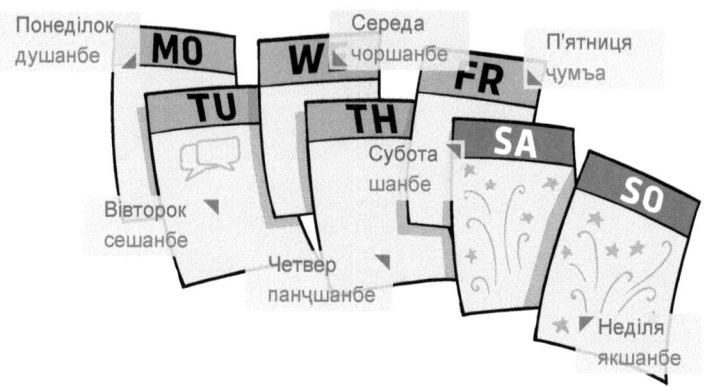

Понеділок
душанбе

Середа
чоршанбе

П'ятниця
чумъа

Вівторок
сешанбе

Субота
шанбе

Четвер
панчшанбе

Неділя
якшанбе

вчора

дирӯз

сьогодні

имрӯз

завтра

фардо

ранок

пагоҳирӯзй

опівдні

нимрӯз

вечір

шом

робочі дні

рӯзҳои корй

кінець робочого тижня

истироҳат

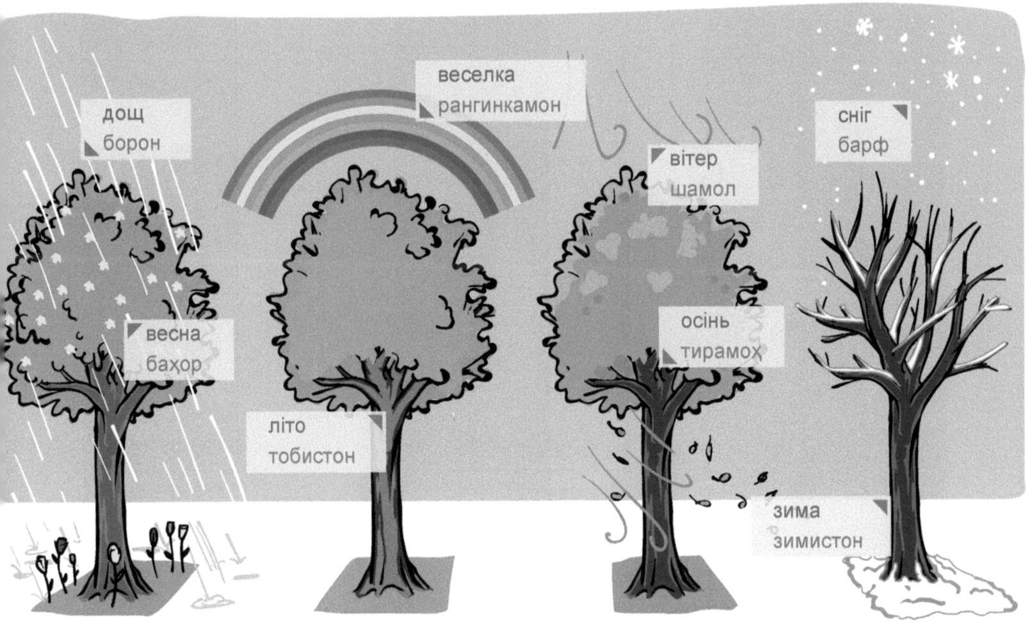

дощ
борон
веселка
рангинкамон
сніг
барф
вітер
шамол
весна
баҳор
осінь
тирамоҳ
літо
тобистон
зима
зимистон

4.APRIL 11°
5.APRIL 4°
6.APRIL 13°
7.APRIL 8°
8.APRIL 10°

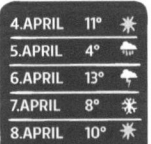

прогноз погоди

Обу ҳаво

F
C

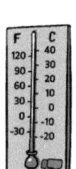

термометр

ҳароратсанҷ

сонячне світло

равшании офтоб

хмара

абр

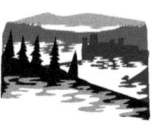

туман

туман

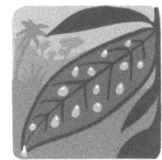

вологість повітря

намнок

блискавка

барқ

грім

тундар

шторм

тӯфон

град

жола

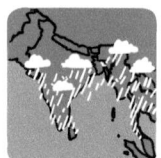

мусон

муссон

повінь

обхезй

лід

ях

Січень

январ

Лютий

феврал

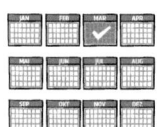

Березень

март

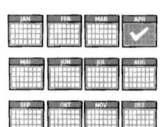

Квітень

апрел

Травень

май

Червень

июн

Липень

июл

Серпень

август

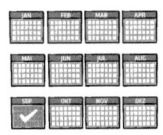

Вересень

сентябр

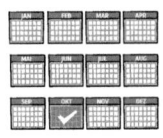

Жовтень

октябр

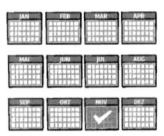

Листопад

ноябр

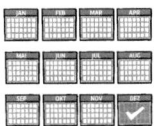

Грудень

декабр

форми
баст

круг

давра

квадрат

мураббаъ

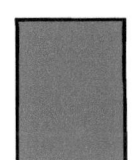

прямокутник

росткунья

трикутник

секунья

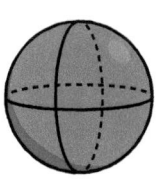

куля

соњаи

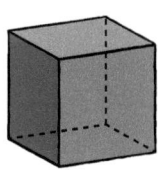

куб

мукааб

білий
....
гулобӣ

жовтий
....
хокистаранг

помаранчевий
....
зард

рожевий
....
бунафшранг

червоний
....
сурх

фіолетовий
....
қаҳваранг

синій
....
кабуд

зелений
....
сиёҳ

коричневий
....
кабуд

сірий
....
сафед

чорний
....
сабз

багато / мало

бисёр/кам

лютий / мирний

хашмгин / ором

гарний / бридкий

зебо/безеб

початок / кінець

оғози / охири

великий / малий

калон/хурд

світлий / темний

дурахшон / торик

брат / сестра

бародари / хоҳар

чистий / брудний

тоза/чиркин

завершений /
незавершений
пурра / нопурра

день / ніч

рӯзи / шаб

мертвий / живий

мурдагон / зинда

широкий / вузький

кушод/танг

їстівний / неїстівний

хўрданй / хўрданашаванда

злий / дружній

бад/нек

збуджений / нудьгуючий

ба ҳаяҷон / дилгир

товстий / тонкий

ғавс/борик

спочатку / востаннє

якум/охирин

друг / ворог

Дўсти / душмани

повний / порожній

пур/холй

жорсткий / м'який

сахт/мулоим

важкий / легкий

вазнин/сабук

голод / спрага

гуруснагй / ташнагй

хворий / здоровий

бемор/солим

незаконний / законний

ғайриқонунй / ҳуқуқй

розумний / дурний

соҳибақл / беақл

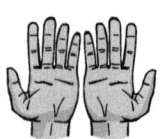

вліво / вправо

рост/чап

поруч / далеко

наздик/дур

новий / використаний

нави / истифода бурда мешавад

нічого / щось

ҳеҷ / чизе

старий / молодий

пир/ҷавон

вкл / викл

оид / хомӯш

відкрито / закрито

кушода/пӯшида

тихо / гучно

паст/баланд

багатий / бідний

бой/камбағал

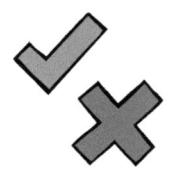

правильно / неправильно

дуруст/нодуруст

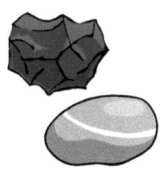

шорсткий / гладкий

дурушт/ҳамвор

сумний / щасливий

ғамгин/хушбахт

короткий / довгий

кӯтоҳ/дароз

повільно / швидко

оҳиста/тез

вологий / сухий

тар/хушк

гарячий / холодний

гарм / сард

війна / мир

ҷанг / сулҳ

0

нуль

нол

1

один

як

2

два

ду

3

три

се

4

чотири

чор

5

п'ять

панч

6

шість

шаш

7

сім

ҳафт

8

вісім

ҳашт

9

дев'ять

нӯҳ

10

десять

даҳ

11

одинадцять

ёздаҳ

12

дванадцять

дувоздаҳ

13

тринадцять

сенздаҳ

14

чотирнадцять

чордаҳ

15

п'ятнадцять

понздаҳ

16

шістнадцять

шонздаҳ

17

сімнадцять

ҳабдаҳ

18

вісімнадцять

ҳаждаҳ

19

дев'ятнадцять

нуздаҳ

20

двадцять

бист

100

сто

сад

1.000

тисяча

ҳазор

1.000.000

мільйон

миллион

МОВИ

забонхо

англійська
....
англисӣ

американська англійська
....
англисии амрикой

китайська
високочиновницька
....
мандарини хитой

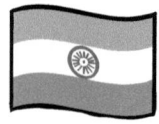

хінді
....
хиндӣ

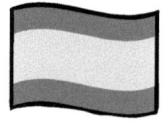

іспанська
....
испанӣ

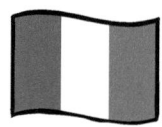

французька
....
фаронсавӣ

арабська
....
арабӣ

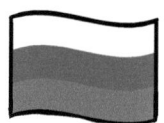

російська
....
русӣ

португальська
....
португалӣ

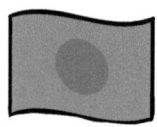

бенгальська
....
бенгалӣ

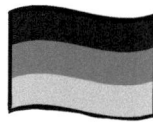

німецька
....
олмонӣ

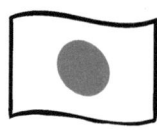

японська
....
чопонӣ

я
....
ман

ти
....
шумо

він / вона / воно
Ӯ / вай / он

ми
....
мо

ви
....
шумо

вони
онхо

хто?
....
ки?

що?
....
чӣ?

як?
Чӣ хел?

де?
....
дар кучо?

коли?
....
кай?

ім'я
....
ном

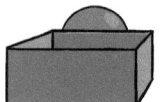

ззаду

аз паси

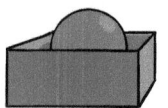

в

дар

перед

дар пеши

над

дар болои

на

дар рӯи

під

дар зери

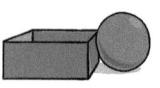

біля

дар назди

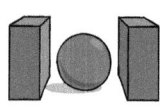

між

миёни

місце

чой